حيّ بن يقظان

كتاب واحد
مجتمع واحد
ONE BOOK
ONE DOHA

تم نشر هذا الكتاب كجزء من حملة
"كتاب واحد، مجتمع واحد" لعام 2023
بالتعاون مع قطر تقرأ ووزارة الثقافة.

This book was published as part of the
One Book, One Doha Campaign 2023
in collaboration with Qatar Reads and
the Ministry of Culture.

مكتبة قطر الوطنية
Qatar National Library

qatar reads قطر تقرأ

وزارة الثقافة
Ministry of Culture
State of Qatar • دولة قطر

حَيّ بْن يَقْظَان

مغامرة الجزيرة

نص: **بسمة الخطيب**
رسوم: **ميجو**

دار جامعة حمد بن خليفة للنشر
HAMAD BIN KHALIFA UNIVERSITY PRESS

دار جامعة حمد بن خليفة للنشر
صندوق بريد 5825
الدوحة، دولة قطر

www.hbkupress.com

الطبعة العربية الأولى عام 2023

الترقيم الدولي: 9789927164842

تمت الطباعة في الدوحة-قطر.

مكتبة قطر الوطنية بيانات الفهرسة – أثناء – النشر (فان)

الخطيب، بسمة، مؤلف.

حي بن يقظان : مغامرة الجزيرة / نص بسمة الخطيب ؛ رسوم ميجو. - الطبعة العربية الأولى. - الدوحة، دولة قطر : دار جامعة حمد بن خليفة للنشر، 2023.

94 صفحة : إيضاحيات ملونة ؛ 30 سم

تدمك 978-992-716-484-2

تم نشر هذا الكتاب كجزء من حملة "كتاب واحد، مجتمع واحد" لعام 2023 بالتعاون مع قطر تقرأ ووزارة الثقافة.

1. ابن طفيل، محمد بن عبد الملك، -1185. حي بن يقظان -- قصص للأطفال. 2. قصص الأطفال العربية. 3. الكتب المصورة.

أ. قطر. وزارة الثقافة، هيئة إصدار. ب. مكتبة قطر الوطنية. قطر تقرأ. ج. العنوان.

PZ10.741 .K43 2023

892.737– dc23

202328697121

الفصل
الأول

في جزيرة في المحيط الهندي
MI HOTEL
MI HOTEL

أبي! انظر إلى هذا المنظر الرائع!
ذاك هو مركز الغطس! أخيرًا!
اهدأ يا خليفة! هل ستغطس الآن؟ أكلتَ منذ نصف ساعة.

نصف ساعة فقط؟ لماذا أشعر بالجوع إذًا؟
سأبعد هذا الطبق عنكم. أكلتم اليوم الكثير من الحلوى. هيا بنا! ينتظرنا الدليل السياحي في بهو الفندق.

حسنًا، هذا المجسَّم من معالم الجزيرة هنا. إنه مجسم للكتاب العربي الشهير «حيٍّ بن يقظان».
حيٌّ ابن من؟
إنَّه قديم للغاية!
صحيح. المجسم قديم، يعود لمائة عام. أما الكتاب فهو أقدم بكثير، إذ يعود إلى مئات الأعوام..
مئات...!
ولأنكم عرب ومسلمون، فسيوفِّر هذا عليَّ الكثير من الشروح، فأنتم تعرفون مؤلف الكتاب أكثر مني، وتعرفون حكاية حيٍّ مفصَّلةً...

لِمَ الوجوم؟
يبدو أنها غلطتي، لم يسبق لي أن تحدَّثتُ معهم عن كتاب الفيلسوف العربي ابن طفيل.
مَن؟
الأجيال المعاصرة تفضِّل إمضاء الوقت مع الأجهزة الذكية، وليس في القراءة.
يمكنهم القراءة عبر الأجهزة الذكية...
عن أيِّ كتاب تتحدثان؟

حسنًا، يُعتقد أن هذه الجزيرة هي التي عُثر فيها على رجل اسمه حيُّ بن يقظان، كان يعيش وحده مع حيوانات الجزيرة وقد ربَّته غزالة وهو رضيع، بعد أن قذفه البحر إلى ساحل الجزيرة ذات زمن بعيد...
ربَّته غزالة أم ذئبة؟
هل تقصد ماوكلي؟
أو طرزان؟

لا... لا... لقد كُتبت قصة «حيٍّ بن يقظان» هذه قبل تأليف قصة طرزان وماوكلي وروبنسن كروزو.
نعم. فمِن هذه القصة ولدت حكايات شبيهة تعرفونها أكثر مما تعرفون تراث أمتكم مع الأسف.
ولكن يا للأسف، الوقت ليس مناسبًا الآن. لنكملْ جولتنا.
غدًا يوم جديد. عليَّ التفكير في طريقة لتفادي هذا الخطأ. يعرفون طرزان ولا يعرفون حيَّ بن يقظان!

صباح الخير.
ما الأمر؟ ماذا أضعتم؟
لا يمكن أن تختفي دفعة واحدة!
صحيح.
لم تختفِ من تلقاء نفسها.
هواتفنا...
آه! لحظة! أنت أخذتها يا أبي؟
صحيح. أخذتها وسأعيدها إليكم، لكن بشرط واحد.
ما هو؟
أن تخرجوا الآن وتجلبوا لي نسخة من كتاب «حيّ بن يقظان» بالعربية. لا شكّ أنه في مكتبة ما أو في محل لبيع الهدايا.
لماذا؟
سأقرأ لكم الكتاب.
هذا كل شيء.

لماذا لا تقرؤه لنا حين نعود إلى الدوحة؟ لا شكَّ في أنك تملك نسخة منه في مكتبتك.
القراءة هنا أمتع وأفضل. تخيلوا أنكم تقرؤون قصة وأنتم تعيشون فيها بالفعل!
هل نعيش بالفعل قبل مئات الأعوام؟
أنتم تهدرون الوقت؛ تتهامسون، وتحدِّثون أنفسكم. وهذا لا ينفع! أسرعوا لأن طائرتنا في الغد.
أبي مُصِرٌّ على ذلك. يجب أن نعثر على الكتاب.
عمِّي يخطِّط لشيء أكبر من العثور على الكتاب. إنه يحبُّ التشويق والمغامرات.
لنجلب الكتاب أولًا. سنعرف لاحقًا ما يدبِّره لنا من مغامرات.

لنتفرَّقْ كلٌّ في اتجاه.
حسنًا. نلتقي هنا بعد نصف ساعة.
بإذن الله.
للأسف لا توجد مكتبات في هذه الجزيرة. أنا فقط أبيع بعض المجلات، هذه عن الصيد وهذه عن السيارات... هل تعجبك؟
أشكرك، لا وقت لديَّ الآن. عليَّ العثور على الكتاب.
NEWSSTAND
عفوًا. تريد شراء كتاب هنا؟! وبالعربية؟! هذا مستحيل!
سأحاول.
آسف أيها الشاب. لا يمكن أن تجد الكتاب هنا بالعربية. ولكن حاول.
سأفعل.
بعد مرور ساعتين.

مهمَّة مستحيلة.
لماذا لا نقوم بتنزيل الكتاب عبر الإنترنت؟!
نعم. لنطبعه ولنأخذه لعمِّي.
لا. هل تتذاكيان على أبي؟ ألا يمكنه هو تنزيل الكتاب على هاتفه أو حاسوبه المحمول؟
أراد أبي أن يرسلنا إلى هنا لسبب آخر. فالكتاب متوافر عبر الإنترنت.
أشعر بالعطش.
وأنا أيضًا.
مررت بشلال هناك. اتبعاني.
شلال؟ لا بد من أنَّكَ تتخيَّل. جُلنا في الجزيرة كلها، وليس فيها أي شلال.
لا تجادل يا فهد! فشدَّة العطش تدفعني إلى أن أصدِّق هذا السراب.
سبحان الله! كيف ظهر هذه الشلال فجأة؟
ربما نسي الدليل أن يخبرنا عنه.
اشربا باسم الله.

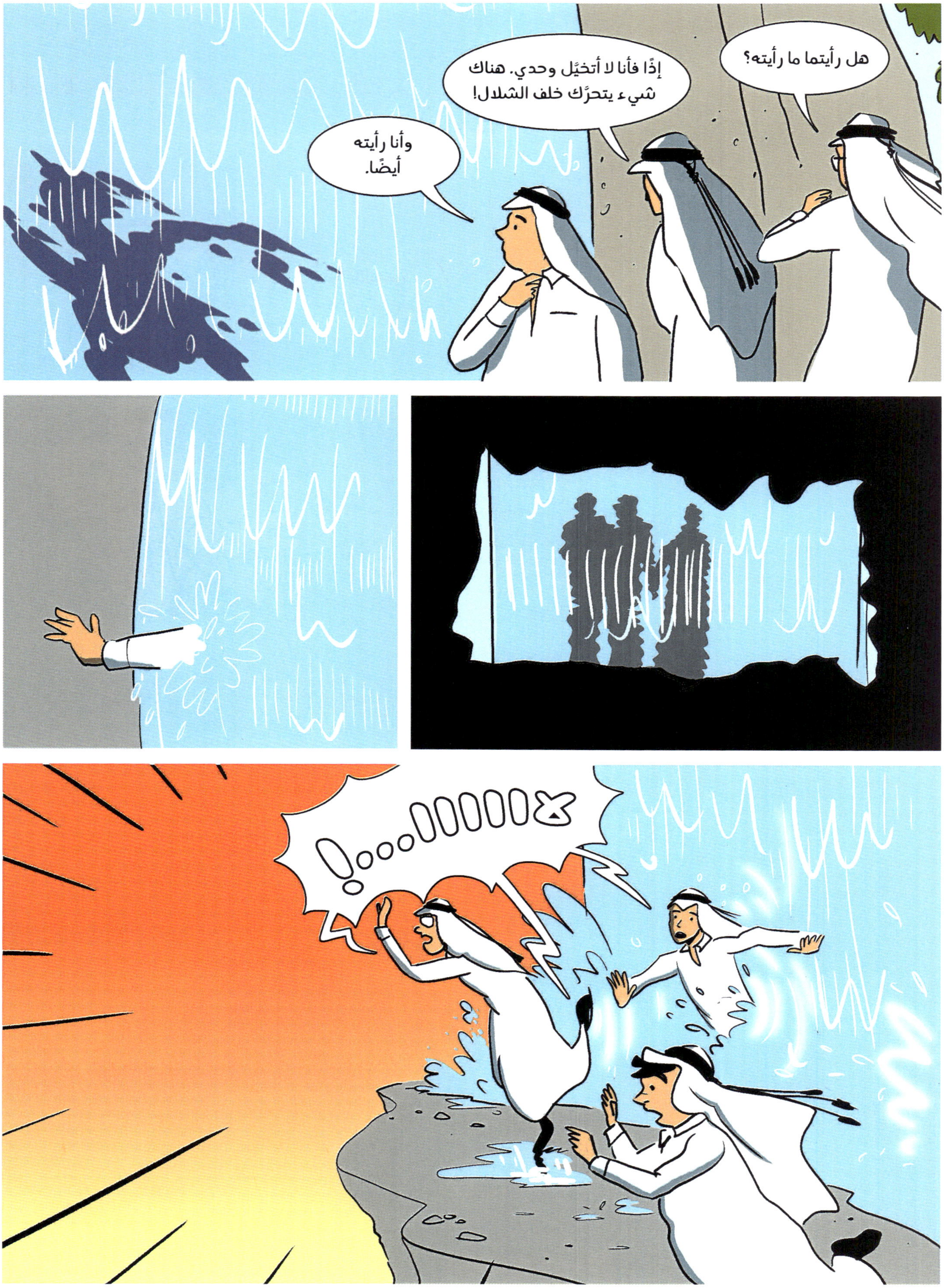
هل رأيتما ما رأيته؟
إذًا فأنا لا أتخيَّل وحدي. هناك شيء يتحرَّك خلف الشلال!
وأنا رأيته أيضًا.
لاااااا...!

أين نحن؟
أعوذ بالله من الشيطان الرجيم.
أين الشلال؟

لا تخافا. نحن في جهة غير مأهولة من الجزيرة.
كيف يمكننا ألا نخاف؟ ربما كان سكان هذا الجزء من أكلة لحوم البشر.
سيبحث أبي عنا الآن. لا شك أنه قادم.
الشمس تغيب. سيحلُ الظلام.
لنجمع الحطب ونشعله.
كيف؟ هل معكما ما نشعله به؟
نستعمل الطريقة البدائية.
هذا عمل مُضنٍ!
بالتأكيد. ولكننا لن نيأس.
الحمد لله!!
كيف يمكن للحصول على شعلة النار أن يكون بهذه الصعوبة!
أخيرًا!!
أمور أصعب في انتظارنا هذه الليلة!
أتمنى أن تحمينا النار من اقتراب الوحوش.
جمعت بعض أكواز الذرة، ستكون عشاءنا.

لا أشعر بالجوع. سأنام.
وأنا كذلك.
آه! سفينة! سفينة!!
خليفة! استيقظ. هناك سفينة قادمة.
لا تفرحا هكذا. هل تعرفان مَن على متن هذه السفينة وماذا يريدون؟
أتقصد أنهم أشرار؟ أكلة لحوم البشر؟
مهلًا مهلًا! ما هذه الاستنتاجات المأساوية؟! وحِّدا الله.
لا إله إلا الله.
قد يكون على متن السفينة أصدقاء أو أعداء، لا نعرف. لذا علينا أن نختبئ ونراقب الوضع.
أصبتَ. هيا بنا.

ما هذه الملابس العجيبة؟!
والنعال؟! والحقائب؟!
إنهم بالفعل من زمن آخر.
رافقتكم السلامة.
هل أنت متأكد من أنك لا تريد العودة إلى أهلك وجزيرتك؟
كل التأكيد يا حيُّ. اخترت هذه الجزيرة سكنًا واخترتك أنت أهلًا.
إلى اللقاء، إلى اللقاء!
هل سمعتما ما سمعت؟
حيُّ بن يقظان!
نعم. حيٌّ!
يا ربي! هل سافرنا عبر الزمن بالفعل؟ ماذا يحدث لنا؟
هسسسسسس. اخفض صوتك.
لقد سمعانا!
أين سنختبئ؟
من أنتم؟
فات الأوان...

إنهم عجيبو الشكل والملبس!
أتنوون الخير أم الشرَّ؟
نحن؟!
بل أنتما عجيبا الشكل والملبس!
الخير بالطبع. نحن مسالمون.
ونحن مسالمان أيضًا. هذا صديقي أبسال وأنا حيُّ بن يقظان.
حيُّ بن يقظان!!!
ماذا أصابكم؟ هل اسم صديقي مرعب؟
بماذا تتهامسون؟
لن نخبرهما من نحن ومن أين أتينا. هذا سيصدمهما ويربكهما، ولن يتفهما.
نحن نعرف أنه في زمن بعيد كتبت قصة عن حيٍّ بن يقظان... وإن كنت لم أقرأها ولا أعرف من هو حيٌّ ومن هو أبسال.
لا شيء. نحن نفكر في الذهاب إلى بلادنا.
جيِّد. فقد أتينا إلى جزيرة حيٍّ هذه لنعتزل العالم والناس.
نحن أتينا إلى هنا بطريق الخطأ. حدث خطأ ما حين عبرنا الشلال...
الشلال؟ ولكن الشلال جفَّ قبل عدَّة سنوات!
يبدو أن السنوات عادت إلى الوراء.
صحيح، سنوات كثيييرة!
سأذهب لأتفقَّد الشلال... أنا أفتقده كثيرًا!
على رسلك!
إنه متحمس للغاية!
يبدو أن الشلال يعنيه كثيرًا.
ولكننا لم نعثر على الشلال حين عبرناه. اختفى تمامًا.

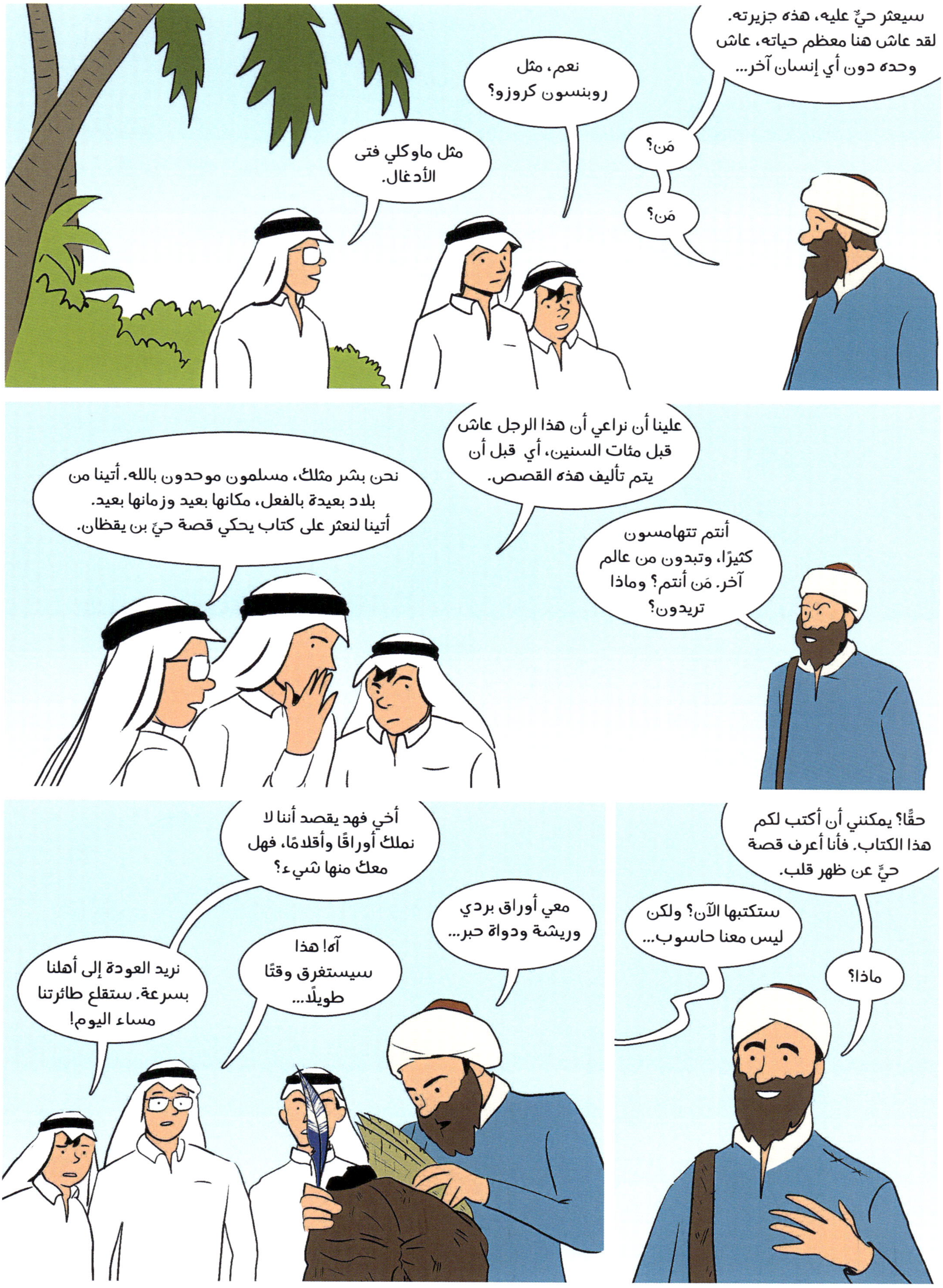
سيعثر حيٌّ عليه، هذه جزيرته. لقد عاش هنا معظم حياته، عاش وحده دون أي إنسان آخر...
مَن؟
مَن؟
نعم، مثل روبنسون كروزو؟
مثل ماوكلي فتى الأدغال.
علينا أن نراعي أن هذا الرجل عاش قبل مئات السنين، أي قبل أن يتم تأليف هذه القصص.
أنتم تتهامسون كثيرًا، وتبدون من عالم آخر. مَن أنتم؟ وماذا تريدون؟
نحن بشر مثلك، مسلمون موحدون بالله. أتينا من بلاد بعيدة بالفعل، مكانها بعيد وزمانها بعيد. أتينا لنعثر على كتاب يحكي قصة حيِّ بن يقظان.
حقًا؟ يمكنني أن أكتب لكم هذا الكتاب. فأنا أعرف قصة حيٍّ عن ظهر قلب.
ستكتبها الآن؟ ولكن ليس معنا حاسوب...
ماذا؟
أخي فهد يقصد أننا لا نملك أوراقًا وأقلامًا، فهل معك منها شيء؟
معي أوراق بردي وريشة ودواة حبر...
آه! هذا سيستغرق وقتًا طويلًا...
نريد العودة إلى أهلنا بسرعة. ستقلع طائرتنا مساء اليوم!

طائرة؟
الطائرة آلة عجيبة، تشبه... تشبه بساط الريح... و...
لحظة! لديَّ فكرة يا عم أبسال. احكِ لنا حكاية حيٍّ، ونحن سنحفظها ونكتبها حين نصل إلى ديارنا. لدينا آلة سريعة للكتابة، أسرع من الريشة والدواة.
آلة عجيبة للكتابة! أنتم ظرفاء وتتحدثون عن أشياء خرافية. يبدو أنكم متأثِّرون بقصص المصابيح العجيبة والسندباد البحري.
أرجوك احكِ لنا القصة كلها، وسنحاول أن نحفظها معًا، فإذا غابت بعض التفاصيل عن أحدنا تداركها الآخر.
طلب عمِّي مني ومِن ولديه ألا نعود من دون الكتاب. ربما كان يقصد المكتوب في الكتاب وليس الورق والحبر.
هذا صحيح. الورق والحبر هما وسيلتان لعرض أي كتاب، أما الكتاب الحقيقي فهو الأفكار التي يحملها والقصة التي يرويها.
سأحكي لكم كلَّ ما أعرفه عن حيِّ بن يقظان، وإذا كانت لديكم أسئلة أخرى فيمكنكم أن توجِّهوها له.
شكرًا لك.
لعلكم تجولتم في الجزيرة، إنها مهجورة منذ أزمنة بعيدة. حيُّ بن يقظان أول كائن بشري عاش فيها، وهو بعد رضيع. فقد وُلِد في جزيرة أخرى.
جزيرة أخرى؟ مَن هم أهله؟

عاش في جزيرة بعيدة ملك ظالم ومستبدٌّ، لم يردعه شيء عن ارتكاب كل الجرائم. وكان الكل كان يخاف منه. لم يكن ظالمًا للرعية فقط بل لأهل بيته أيضًا. وكانت له أخت جميلة وذكية، منعها هو من الزواج لأنه لم يعتقد يومًا أن هناك رجلًا في الدنيا جديرًا بها. لكنَّ أخت الملك أحبَّت رجلًا اسمه يقظان، وقد تزوَّجت منه. وبعد سنة تقريبًا أنجبت طفلًا.

تأتي الخيول الغاضبة ويتصاعد الغبار والرمال في الجو فيغطيان وجه الأميرة المذعورة وخادمتها بينما ابتعد الصندوق عن الأنظار.

تقاذفت الأمواج الصندوق، ورست به عند شاطئ جزيرة معزولة لا يعرف بوجودها أحد، وكأنها سرٌّ من أسرار الكون.

بكى الرضيع جوعًا وخوفًا، فتردَّد بكاؤه في أرجاء الجزيرة، ووصل صوته إلى غزالة كانت تبحث عن صغيرها لترضعه.
أخبرت الحيواناتُ الغزالةَ أن طائرًا جارحًا اختطف ابنها، ولكنها بقيت تأمل -في حزن وأسى- بأن تعثر عليه.
تَبِعت الغزالة صوت البكاء الغريب... مشت نحو الشاطئ، وهناك عثرت على رضيع في صندوق.
أرضعت الغزالة الرضيع المسكين، فصار لها بمثابة ابنها، وصارت له بمثابة أمِّه. أنقذته من الموت، وحمته من الوحوش والكواسر، وأنقذها هو من الوحدة والحزن على فقيدها.

كبر حيُّ بن يقظان، وهو لا يجيد لغة البشر،
ولا يعرف له أهلًا سوى الغزالة، ولا موطنًا
سوى الجزيرة المعزولة تلك.

الفصل الثاني

راقبَ ما عليها من أوبار وريش وفراء، وقارنها مع جسده. ساءه أن تكون لها أذيال وأذناب تستر مخارج فضلاتها ولا ذيل له. ولذا صنع -وهو في السابعة من العمر- ملابس له من ألياف الشجر وأوراقها. كما لاحظ ما تستخدمه الحيوانات في الصيد والدفاع عن النفس من قرون ومخالب وأنياب وطرق قتال... وقارنها بنفسه فحزن لافتقاده ما يكسو جلده، وافتقاره أيضًا للمخالب والقرون.

ولماذا يحتاج إلى قرون؟

من يعش في البرية يعرف أن الأقوى يحصل على ما يريد. كان من الصعب على الفتى الصغير أن يحصل على الثمار لأنَّ القردة كانت تتسلَّق الأشجار بشكل أسرع منه وتحصل عليها قبله.

وكذلك كان النحل يقرصه إن حاول أكل عسله، وهو لا يُوقِف الدُّبَّ إن فعل ذلك.

صنع حيٌّ من الأغصان عِصيًّا وسهامًا ليدافع بها عن نفسه في مواجهة الحيوانات الشرسة.

لكنَّ هذا لم يكن كافيًا لحيٍّ، فقد أراد أن تهابه الوحوش.

وكان أن رأى نسرًا نافقًا، فأخذ جناحيه، وسلخ عنه سائر جلده، وفصله وقسمه على إلى قطعتين، ربط إحداهما على ظهره والأخرى على سرَّته، وعلَّق ذنب النسر من خلفه، والجناحين على عضديه، أي من المرفقين إلى الكتفين. فبدا مخيفًا مهيبًا، ما جنَّبه مواجهةَ الوحوش، وسهَّل عليه الوصول إلى الطعام، وأعطاه الدفء الكافي أيضًا.

وظل على تلك الحال إلى أن ضعفت الظبية
التي ربَّته، ولم تعد تقوى على الحركة، فراح حيٌّ
يرتاد المراعي الخصبة ويجني لها الثمرات الحلوة
ويطعمها، لكنها كانت قد فقدت شهيتها للطعام.

لم يخبره أحد قبل تلك اللحظة عن الموت. كان حيٌّ
يرى الكائنات وهي تضعف أو يصيبها مرض ثم تموت.
ولذا بحث عن شيء يدلُّ على مرض الظبية؛ بحث في
أذنيها وقرنيها وجلدها... لكنه لم يعثر على أي آفة.

فكَّر حيٌّ جيدًا، واستقرَّ على أنَّ الآفة في صدر الظبية. ولما مضى الوقت ولم تتحرَّك، يئس من عودتها إلى حالتها الأولى إن هو تركها دون تَدخُّل ولم يعثر على سبب علَّتها. فراح يصنع من كسور الأحجار الصلدة وشقوق القصب اليابسة ما يشبه السكاكين، وشقَّ بها أضلاعها، وقطع اللحم بينها.

وصل بعدئذ إلى الرئة، التي لم يجد فيها بعد تقليبها أيَّ آفة، ثم وصل إلى القلب المغلَّف بغشاء في غاية القوَّة، والمربوط بعلائق وثيقة؛ إحداها بالرئة وهي التي رآها أولًا، والأخرى تربط القلب برئة ثانية شبيهة بالأولى. عرف أن القلب الذي يحميه الصدرُ والغشاء القوي ويتوسط الرئتين هو مطلبه، لكنه عجز عن شقِّه بعد أن استنفد جهده. لم تكن عملية التشريح تلك هيِّنة على حيٍّ جسمانيًّا ونفسيًّا وعاطفيًّا.

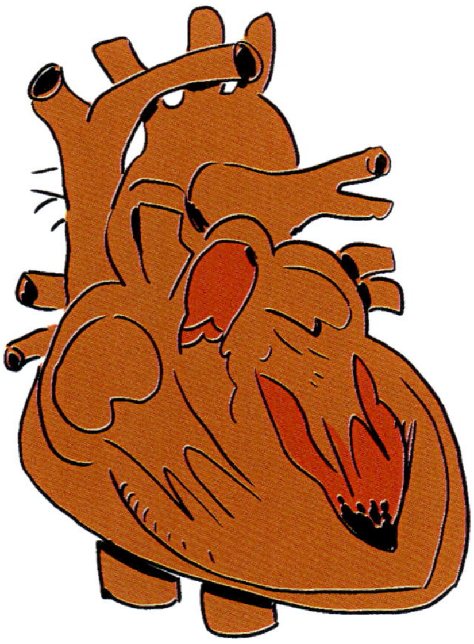

ضغط حيٌّ على القلب بقبضته، فتبيَّن له أنَّ فيه تجويفًا ما. شكَّ في أن يكون الخللُ هنا وأن تكون الآفة فيه، ولذا استجمع قوته وشجاعته وشقَّ القلب، فعثر على تجويفين، وليس واحدًا. تأمَّلهما، فأدرك أن ما يبحث عنه لا شكَّ في واحد من هذين التجويفين. أمَّا الأيمن فلم ير فيه سوى الدم المنعقد الجامد، وهو الدم نفسه الذي رآه في سائر الأعضاء، ومن ثم فهو ليس مطلبه. ولذا استقرَّ على أن مبتغاه في التجويف الأيسر، الخالي من أي شيء فيه.

عرف حيٌّ أنَّ هذا التجويف لم يكن خاليًا قبل اليوم، بل صار خاليًا لحظة أن توقفت الظبية عن التنفس والحراك، وحين ارتحل هذا الشيء طرأ عطل على الجسد وفقد القدرة على الحراك. سيطر هذا الشيء الغامض على تفكير حيٍّ بن يقظان. فما هو؟ وكيف هو؟ وما الذي ربطه بهذا الجسد؟ وإلى أين صار؟ ومن أي الأبواب خرج عند مفارقة الجسد؟ وما السبب الذي أزعجه إن خرج كارهًا؟ وما السبب الذي كرَّه إليه الجسد حتى فارقه إن كان قد خرج مختارًا؟

لم يكن لحيٍّ اليافع من يساعده.
تشتَّت فكره بين ذلك كله، ونسي أمر جسد الظبية، وعلم أنَّ أمَّه التي عطفت عليه وأرضعته إنما كانت ذلك الشيء المرتحل، ذلك الشيء الذي اختفى، وعنه كانت تصدر تلك الأفعال كلُّها لا هذا الجسد العاطل، وفهم أن هذا الجسد بجملته إنما هو كالآلة أو بمنزلة العِصيِّ التي اتَّخذها هو لقتال الوحوش.
هذه أسئلة صعبة بالفعل!
الحمد لله على نعمة وجودنا بين أهلنا. يوم مات جدِّي، رحمه الله، ساعدني أقاربي على تخطِّي المحنة.
أنا أفكِّر في كل تلك الأسئلة.
وهل تعرف أي إجابة لها؟ هل تعرف ما ذاك الشيء المرتحل؟
هل هو الروح؟
أصبتَ. أدرك حيٌّ معنى الروح، من دون أن يعرف اسمها هذا، لكنه أدرك كنهها بالتأمل والتفكُّر والفطرة.
بقيَ حيٌّ يفكِّر في أمِّه، صاحبة الجسد، وليس الجسد نفسه، وزاد افتقاده لها. في تلك الأثناء، عَفِنَ الجسد، وفاحت منه روائح كريهة، جعلته يكره رؤيته رغم أنه لم يرغب في أن يفارقه.
رأى حيٌّ غرابين يقتتلان، حتى صرع أحدهما الآخر. راح الغراب الحي يحفر في الأرض، ويصنع حفرة تناسب الغراب الميت، ثم جرَّه إليها، وأعاد التراب فوقه.
أنتم تعرفون ما ورد في القرآن الكريم، حين تعارك ابنا نبيِّنا آدم -عليه السلام- وقتل أحدهما الآخر، فأرسل الله غرابين يقتتلان ثم يدفن الحي منهما الميت في التراب، فقام قابيل بدفن أخيه هابيل في التربة كما فعل الغراب.
وهكذا حفر حيٌّ حفرة ودفن الظبية فيها.
ولولا ذلك لما توصَّل حيٌّ إلى فكرة الدفن بسهولة.

لا شكَّ في أنها كانت مرحلة حزينة في حياة حيٍّ. مات المخلوق الوحيد الذي يحبُّه!
لكن الحياة مستمرة.
ظل حيٌّ يألف الظباء، لأنَّها تذكِّره بأمِّه، وراح لفترة من الزمن يتأمَّل أنواع الحيوان والنبات ويطوف ساحل الجزيرة من دون أن يرى لنفسه شبيهًا. إنه وحيد تمامًا.
وهل ستتركنا وحدنا الآن؟

لا، سأصنع نارًا لنطهو طعامًا ونأكله. ألستم جائعين؟
بلى، نحن جائعون بالتأكيد!

الفصل الثالث

لا شكَّ في أنك لا تعرف الولّاعة، لكنك تملك عيدان كبريت.
ماذا؟ كيف سنوقد الحطب إذًا؟
لا هذه ولا تلك. لا ولّاعة ولا عيدان كبريت.
لا تقلقوا، يمكنني إشعال النار، لكن هذا سيتطلب وقتًا وصبرًا. راقبوني!
هذا سيستغرق دهرًا!
ليس أمامنا خيار آخر.
بعد وقت
لماذا لا نطلب مساعدة حيٍّ؟
أصبتَ. سأذهب لأبحث عنه، ربما كانت معه عيدان كبريت.
الأفضل أن تجلبوا لي السمك من هناك لنشويه. ستشتعل النار قريبًا.
أخيرًا...!
رائع!!
فرحتكم لا تقارن بفرحتي حين رأيت النار لأول مرة.

احكِ لنا، كيف كان شعورك حين رأيت النار لأول مرة؟
نعم، أحب أن أسمع هذا مجددًا منك يا حيُّ.
كنت صغيرًا، ورغم مرور السنوات لم أنس تلك اللحظة، كأنها حدثت الآن.
هل أشعلتها وفق طريقة أبسال؟ أو لعلها اشتعلت نتيجة صاعقة؟
ما سيدهشكم أنني لم أشعلها. لقد اشتعلت فجأة أمامي، ثم فهمت لاحقًا كيف حدث ذلك.
وحدها؟! كيف؟ هل حدثت صاعقة برقية؟ أو انفجر بركان مثلًا؟
كانت المياه تحيط بجزيرتي، واعتقدتُ أنها الوحيدة على الأرض. لم أتخيل وجود جزر أخرى، فبقيتُ على جزيرتي هذه أحاول أن أتخطَّى حزني على الظبية التي ربَّتني. ورغم أنني حفظت معالم الجزيرة جيدًا، فلم أتوقَّع أن أجد فيها شيئًا يدهشني، ولكنه حدث بالفعل!

لا أعرف كيف اشتعلت النار، لكنَّ الأرجح أن السبب
كان صاعقة برقية ما. رأيت نارًا في أجمة أعشاب،
فوقفت متعجبًا منها، ثم قرَّرت أن أدنو منها.
حين اقتربت، رأيت ما للنار من ضوء
وقوَّة، فقد راحت تتمدَّد وتحوِّل كل ما
حولها إلى نار أيضًا، ثم قرَّبت يدي منها.
جميعنا فعل الأمر نفسه ونحن صغار. لا يمكن أن نفهم خطورة النار من دون أن نقترب منها.
لمستَ النارَ؟!
نعم. لم أكن أعرف ما ينتظرني.
سحبتُ يدي وفهمت أكثر ما هي، وعرفت المزيد عن
هذه الشعلة، وأحببت أن آخذ منها القليل إلى مغارتي.
فحين اشتعل غصن طويل وثخين أمسكت بطرفه غير
المشتعل، وأخذته إلى مسكني، حيث كنت آوي وأنام.

صنعت مثلكم موقدًا كهذا، مددتُه بالحشائش والحطب ليلًا ونهارًا، لأنني لم أكن أعرف كيف أوقدها إن هي انطفأت. وفي الكهف، حين حل الظلام لم تعد النار تعطيني الدفء فقط بل النور أيضًا.

اعتقدتُ أنها أفضل الأشياء لديّ، كنتُ دائمًا أراها تتحرك إلى الأعلى وتطلب العلو، فظننتُ أنها من جملة الجواهر السماوية التي كنت أشاهدها. رحتُ أختبر قوتها في جميع الأشياء التي توفَّرتْ حولي؛ رميت لها الحجر فكادت تنطفئ، فعاجلتُها بالحشائش والأخشاب فزاد اتقادها.

وعلى سبيل اختبار قوتها رميتُ شيئًا من أصناف الحيوانات البحرية، كان قد قذفه البحر عند الشاطئ. أنضجت النار السمكة تلك ولمع منها زيت شهيٌّ وفاحت رائحة طيبة فاشتهيتُ تذوقها، أكلتُ منها شيئًا فاستطيبتُه، وبذلك اعتدتُ أكل لحم السمك الذي نأكله الآن، إلى جانب لحوم الحيوانات البرية أيضًا، وصرت أعتمد على الصيد أكثر فأكثر.

وفي ليلة هادئة، وأنا أتأمَّل النار، تذكرتُ أمي وهي تحتضر، كيف فترتْ حرارتها، وصارت باردة حين فارقتها روحها. رأيت أن الشيء الذي ارتحل من قلبها إنما هو من جوهر النار، أو من شيء يجانسها. الحيوانات الحيَّة كانت لها حرارة معينة، كانت تفقدها فور أن تموت، وهي الحرارة التي لديَّ في قلبي وصدري!

كما تذكرتُ حين حاولتُ إنقاذ غزال من بين فكَّي وحش برِّيٍّ، إذ لوَّحت بالنار نحو الوحش فخاف وهرب. وبقيتُ قرب الحيوان الذي كان يتنفس بصعوبة وقد شقَّ الوحش صدره وقلبه. مات ذلك الحيوان على الفور، ورأيت الجثة تهمد وتسكن ثم تبرد.

الفصل الرابع

أمضيتُ واحدًا وعشرين عامًا في التشريح، وقمت خلال تلك الأعوام بأعمال كثيرة، طوّرتُ بها حياتي، فاستخرجتُ الخيوط من شعر الحيوانات ولحاء أشجار الخطمي والقنّب... وصنعتُ من جلود الحيوانات التي شرّحتها ملابس لي، وصنعتُ خطاطيف من القصب لأصطاد بها.

كما اهتديتُ إلى البناء، فبنيتُ مخزنًا وبيتًا لفائض غذائي وحصنًا عليه باب من القصب المربوط ببعضه إلى بعض لئلا يصل إليه شيء من الحيوانات عند غيابي عن تلك الجهة.

ثم استألفتُ جوارح الطير واستعنتُ بها في الصيد، واتَّخذتُ الدواجن لأنتفع ببيضها وفراخها. واتخذت من قرون الأبقار الوحشية والتيوس النافقة أدواتٍ للصيد، أمَّا الأبقار الوحشية الصغيرة الحجم والهادئة الطباع فقد ركِبتها، مستعينًا بالقصب القوي وعِصيِّ الزان لترويضها وتسييرها. واستعنتُ في ذلك بالنار وبحروف الحجارة حتى صارت أشبه بالرماح... ولكنَّ بعض الحيوانات التي طاردتها كانت تهرب منِّي متفوِّقة عليَّ بسرعتها، ففكَّرتُ في حيلة للنيلِ منها.

ورحتُ أُحسِن إلى الحيوانات السريعة العدو، فقدَّمت الطعام لها، حتى أستطيع ركوبها ومطاردة الحيوانات السريعة؛ من الوعول والخيل البرية والحمر الوحشية، فاتخذتُ منها ما يصلح، وصنعتُ السروج والشكائم، وتمكَّنتُ من طرد الحيوانات التي تضايقني.

بعد واحد وعشرين عامًا، بدأ تفكيري ينشغل بأمور أكثر تعقيدًا، ربما لم يكن لديكم وقت للاطلاع عليها.
بل لدينا الوقت.
نحن في إجازة؛ إجازة عمل تقريبًا.
يهمُنا أن نعرف كامل قصتك وأفكارك.
فلنذهب إلى الجدول القريب ولنغسل أيدينا من أثر السمك المشوي.
سأضع الكثير من الحطب لئلا تنطفئ النار في غيابنا.
راقبتُ مختلفَ الحيوانات والنباتات والمعادن وأصناف الحجارة والتراب والماء والبخار والثلج والبرد والدخان واللهيب والجمر، فرأيتُ لها أوصافًا كثيرة، وأفعالًا مختلفة، وحركات متَّفِقة، وأخرى متضادة.

كنتُ أنظر أيضًا إلى اختلاف أعضائي. فكلُّ واحد منها منفرد بفعل وصفة تخصُّه، ويحتمل القسمة إلى أجزاء كثيرة جدًّا، ما جعلني أحكم على ذاتي بالكثرة، وأحكم كذلك على ذات كل شيء. ثم أنظر من طريق ثانٍ، فأرى أنَّ أعضائي وإن كانت كثيرة فهي متَّصلة كلُّها؛ فهي في حكم الواحد، ولا تختلف إلا بحسب اختلاف أفعالها.

لم أفهم! ماذا تقصد؟
سأشرح لكم. فلنأخذ الظباء مثلًا.
راقبتُ مجموعة منها، فرأيتُ كلَّ ظبي يشبه الآخر في الأعضاء الظاهرة والباطنة والحركات واختيار الطعام نفسه وشرب الماء وغير ذلك، ولا تختلف إلا في أشياء بسيطة. لذا حكمت بأنَّ الروح الذي للظباء واحد، وأنه لم يختلف إلا أنه انقسم على قلوب كثيرة، وأنه لو أمكن أن يُجمع جميع الذي افترق في تلك القلوب منه ويُجعل في وعاء واحد، لكان كله شيئًا واحدًا.

سأصنع لكم شراب التوت.
نريد أن يشرح لنا حيٌّ ما يقصده.
شراب التوت سيشرح لكم.
الشراب في القلّة واحد، وقد فرَّقتُه على الأكواب. فمع كل منكم الشراب نفسه، مذاقًا ولونًا وحلاوةً وبرودةً، صحيح؟
ما علاقة هذا بما يقوله حيُّ بن يقظان؟
اصبر!
والآن سأعيده إلى القلّة مجددًا، فهو في حالتي تفريقه وجمعه شيء واحد.
فعلتُ الأمر نفسه مع أنواع النباتات على اختلافها، فرأيتُ أنَّ وحدات كلِّ نوع منها متشابهة في الأغصان والورق والزهر والثمر والأفعال، ثم رُحت أقيسها بالحيوان، وعلمت أنَّ لها شيئًا واحدًا اشتركت فيه، فهو لها بمنزلة الروح للحيوان، وأنَّ ذلك الشيء يوحِّدها، وهي بذلك الشيء واحدة، تتَّفق أفعالها وغذاؤها ونموُّها...

ثم جمعتُ جنس الحيوان وجنس النبات، ورحت أقارن بين الجنسين... ما الذي يجمعهما في رأيكم؟
الحيوان والنبات بحاجة إلى الغذاء والشمس والهواء والماء.
وهما ينموان ويكبران حتَّى يموتان.
صحيح، وما أبرز الفوارق بينهما؟
الكثير، فمثلًا الحيوان يشعر ويتنقَّل، أما النبات فخلاف ذلك.
أحسنتم. فالحيوان يزيد على النبات بفضل الحسّ والإدراك والتحرُك.

لكنَّ بعض النبات يتحرَّك، مثل دوَّار الشمس، الذي يتَّجه نحو الشمس.
نعم، قد يظهر في النبات شيء شبيه بالحيوان، مثل تحوُل وجوه الزهر إلى جهة الشمس، وتحرُك عروقه إلى الغذاء.
وذلك بسبب شيء واحد مشترك بين النبات والحيوان، هو في أحدهما أتمُ وأكمل، وفي الآخَر قد عاقه عائق ما. والآن فلنعد إلى النار قبل أن تنطفئ.

أكمل لنا. ماذا اكتشفتَ بعد ذلك؟
درستُ الأجسام التي لا تحسُّ ولا تغتذي ولا تنمو.
مثل اللهب؟
نعم، ومثل التراب والماء والهواء...
سأضع حجرًا على بعض النار لتخبو قليلًا.
كما ترون الآن، لهذه الأجسام طول وعرض وعمق، وهي إما حارَّة وإما باردة. وقد رأيتُ أني أختلف عنها بأفعالي.
أية أفعال تقصد؟
أفعالي من أمثال المشي والنوم والتسلُّق وقطف ثمرة ثم تقشيرها وتوزيعها على صحبي...
طك
ما فكَّرتُ فيه هو أنَّ الأفعال التي أقوم بها قد لا تكون ذاتية، وإنما تأتيني من شيء آخر، لم أعرف ما هو. ولو حدثَ للجماد ما يحدث لي، وأتاه شيء يجعله يتحرَّك ويقشِّر ويأكل، لكان مثلي.

ظهر لي بهذا التأمُّل أنَّ الأجسام كلَّها شيء واحد، وأن الوجود كلَّه شيء واحد، وكنت بالنظر الأوَّل أرى الوجود كثرة لا تنحصر ولا تتناهى.
وبعد مدَّة من تأمُّل الأجسام، لاحظتُ فيها أمرين: فهي إمَّا أن تتحرَّك إلى الأعلى مثل الدخان واللهب والهواء، وإمَّا أن تتحرَّك إلى الأسفل مثل الماء، فلا يتوقَّف إلَّا إذا منعه شيء وأعاقه عن طريقه.
ماء جوز الهند سال من أعلى الحجر الذي سكبه حيٌّ عليه، ثم اعترضته هذه الحصاة التي وضعَها فتوقَّف.
وإن رميتُ حجرًا من أعلى النخلة، فسيتوجَّه نحو الأرض، ويتوقَّف، إذ لا يمكنه أن يخرق الأرض.
وكذلك الدخان المتصاعد، يتوقَّف حين يصادف سطحًا صلبًا يحبسه؛ فحينئذ ينعطف يمينًا وشمالًا، ثمَّ إذا تخلَّص من ذلك السطح يخرق الهواء صعودًا، لأنَّ الهواء لا يمكنه أن يحبسه.

صنعتُ وعاءً من جلد الماعز، وملأته بالماء وربطته، ثمَّ دفعته تحت الماء، فصعد وقاومني. يفعل ذلك حتى يصل إلى الهواء، ويخرج من تحت الماء، فحينئذ يسكن.
فهمتُ من هذا أنَّ الأجسام قسمان: خفيف وثقيل. والثقل والخفَّة معنيان زائدان على الجسمية، ليسا من أصل الجسم، بل مضافين إليه.
فالثقيل خالٍ من الخفَّة، والخفيف خالٍ من الثقل.
الشيء الثقيل والشيء الخفيف هما جسمان، ولكلٍّ منهما معنًى متفرِّد به عن الآخر. فكلٌّ منهما مختلف عن الآخر وزائد على جسميَّته.
لقد تبيَّن لي أنَّ حقيقة كلٍّ واحد من الثقيل والخفيف مركَّبة من معنيين؛ أحدهما: ما يشتركان به، وهو معنى الجسميَّة، والآخر ما يتفرَّد به كلُّ واحد منهما عن الآخر.
فبماذا يتفرَّد كلٌّ منهما عن الآخر؟
الثقيل يتفرَّد بالثِّقل، والخفيف يتفرَّد بالخِفَّة.
أصبتَ. الخفَّة والثقل، أي المعنى الذي يحرِّك أحدهما الآخر علوًّا والآخر نزولًا.
وكذلك نظرتُ إلى سائر الأجسام من الجمادات والأحياء، فرأيت أن كلَّ واحد منهما مركَّب من معنى الجسمية ومن شيء آخر زائد على الجسمية. فما هو زائد على الجسمية هو شيء غير ملموس وغير مادي. وهو ما يُسمَّى بالروحاني، وهو ما لا ندركه بالحسِّ، بل بالتفكير.

إذًا فالروح الحيواني ومسكنه القلب -كما أخبرتكم- لا بدَّ له أيضًا من شيء يختصُّ بالإدراك والإحساس، وهو يميِّزه عن بقيَّة الأجسام.
ما هو هذا الشيء؟
وماذا تقصد؟
يسمِّيه النظَّار والعلماء «النفس»، وفي حالة الحيوان يسمِّيه حيُّ بن يقظان «النفس الحيوانية».
توصَّلتُ للاستنتاج نفسه بخصوص النبات.
هل للنبات نفس نباتية؟
بالتأكيد. للنبات شيء يقوم مقام الحارِّ الغريزي -أي الحرارة الغريزية- للحيوان، شيء يخصُّه، ويعبِّر عنه النظَّار والعلماء بـ«النفس النباتية».
وكذلك لجميع أجسام الجمادات...
لا تقل إنَّ للجماد نفسًا أيضًا!
وهل للحجر واللهب نفس كذلك؟
نعم بالتأكيد، وقد سمَّيته «الطبيعة». فلكلِّ جماد طبيعة خاصة به، هي بمثابة نفسه؛ مثل طبيعة النار، وطبيعة الماء، وطبيعة التراب، وطبيعة الرياح...
هذا منطقي. ماذا بعد؟

نعم. فالأجسام الأرضية مثل التراب والحجارة والمعادن والنبات والحيوان هي مجموعة واحدة تشترك في صورة واحدة، تصدر عنها الحركة إلى الأسفل، ما لم يعقها عائق عن النزول، فإذا حركناها إلى الأعلى ثم تركناها نزلت إلى الأسفل مجددًا. لكن قِسمًا من هذه المجموعة، وهو النبات والحيوان، يزيد على الجماد بشيئين هما التغذي والنمو.

كذلك رأيتُ أن أجزاء الأرض بعضها أبسط من بعض، وبحثت عن أبسطها لأبدأ تفحُّصه. فرأيت أن الماء شيء قليل التركيب، لقلَّة ما يصدر عن صورته من الأفعال، وكذلك النار والهواء والتراب.

عرفت سابقًا أنَّ هذه الأربعة مترابطة بشكل ما، تشترك بمعنى ما، ليس هو الحرارة لأنها تختصُّ بالنار فقط، وليس هو الرطوبة لأنها تختصُّ بالماء فقط...
فما هو إذًا؟
بحثتُ عن وصف واحد يعمُّ جميع الأجسام، الحيِّ منها والجماد. سأترككم قليلًا لتفكِّروا فيه. تعال يا أبسال لتساعدني في جمع بعض الطعام للعشاء قبل أن يحلَّ الظلام.
فيمَ تشترك الأجسام حولنا، ومنها نحن؟
هل حقًّا تريد أن تعرف؟ ألم تسمع ما قاله؟ ستغيب الشمس ونحن عالقون هنا!
خليفة على حقٍّ. كيف سنعود؟ كيف سيعثر أهلنا علينا؟
غير معقول! الساعة لا تتحرك! بدَّلت بطاريتها أمس.
ربما كان زمننا لا يتحرَّك ونحن عالقون في مكان ما.
بل في زمن ما. علينا أن نسمع بقية حكاية حيٍّ. فربما -حين تنتهي حكايته- نعود كما أتينا، في لمح البصر أيضًا.
الحقيقة أنني مستمتع بحكايته وأفكاره. فلنعُد إلى السؤال الذي طرحه علينا؛ فيمَ تشترك الأجسام حولنا، ومنها نحن؟
أعتقد أنني حين أنظر إلى إنسان وحيوان وصخر وشجرة، فأنا أرى لكل منهم هيئة. إنهم محسوسون.
أوافقك الرأي، يشتركون في الهيئة...

ماذا يعني هذا؟
يعني أن لهم طولًا وعرضًا.
آه صحيح! سبق أن قال شيئًا عما نعرفه اليوم بالأبعاد، من المؤكد أنه لم يعرف في زمنه الأبعاد الخماسية والسباعية التي نعرفها في السينما اليوم.
نعم، إن للأجسام التي رآها جميعًا طولًا وعرضًا.
وعمقًا.
أحسنتُم! تتمتَّعون بقوة الملاحظة!
ماذا بعد أن اكتشفتَ الأبعاد الثلاثة: الطول والعرض والعمق؟
لم يسمِّها حيٌّ بالأبعاد، بل أطلق عليها كلمة «الامتداد».
صحيح. تفكَّرت في الامتداد الثلاثيِّ، ورأيت أن وراءه معنى آخر يوجد فيه، فالامتداد وحده ليس شيئًا، ولا يقوم بنفسه.
ماذا تقصد؟
أقصد أنه ليس هناك جسم اسمه «طول» أو اسمه «عمق»، هو يحتاج إلى كائن أو جماد ليحلَّ فيه، كما يحتاج الحي والجماد إلى امتداد.
لم أفهم!
لا بأس. انظر إلى الماء، سأضع شيئًا منها فوق حفنة التراب هذه. ماذا سيتكوَّن؟
طين.

صحيح. لكرة الطين هذه طول وعرض وعمق على قدر ما.
ثم إن هذه الكرة بعينها لو أُخِذت ورُدَّت إلى شكلٍ مكعَّبٍ أو بيضويٍّ لتبدَّل ذلك الطول وذلك العرض وذلك العمق، وصارت على شكل آخر.
الطين واحد لم يتبدَّل، ولا بد له من طول وعرض وعمق، ومهما اختلفت أبعاد الطين يبقى طينًا مصنوعًا من الماء والتراب. تمامًا مثلما حوَّل حيٌّ الكرة إلى طوبة مكعَّبة.
صحيح. فهمتُ الآن.
وأنا فهمتُ بعد توصُّلي لتلك الحقيقة أنَّ كلَّ جسم مركَّب من معنيين: أحدهما مادَّته الأصليَّة، مثل الطين للطوبة؛ والثاني هو الامتداد، أي عمق الطوبة وطولها وعرضها.
لا يستغني معنًى منهما عن الثاني، لكنَّ أحدهما يتبدَّل وهو الصورة، والثاني لا يتبدَّل وهو الطين.
أمضيتُ وقتًا في النظر إلى المواد وامتدادها، حتى استوحشتُ، وشعرتُ بالحنين إلى عالم الحسّ، فأخذتُ أبسّط الأجسام المحسوسة التي أخبرتكم عنها: الماء والنار والتراب والهواء.
الماء البارد يندفع إلى أسفل، فإذا سُخِّنَ، كما في هذه القِدر، سواء بحرارة الشمس أو بالنار، زال عنه البرد أولًا، وصار يصعد إلى أعلى، فزالت عنه صورته الأولى وهي البرودة والنزول إلى أسفل.
تبخَّرَ الماء إذًا. لم يعد ماء، ولم تعد له صورة الماء وأفعال الماء، وذلك بسبب شيء حدث له.
ماذا تريد أن تقول؟
أنا أعرف. يريد أن يقول إنّ لكلّ فعل فاعلًا.

صحيح. أحسنتَ أيها الفتى. علمتُ بالضرورة أن كل حدث لا بد له من مُحدِث، وأن لكل فعل فاعلًا، وصورة الفاعل ارتسمت لي بشكل عمومي من دون تفاصيل.
لا شكَّ في أنك تمعَّنتَ فيها لاحقًا وتوصَّلتَ إلى تفاصيلها.
ها أنتم الآن تفهمون حيَّ بن يقظان وتفهمون كيف يفكِّر!
تتبَّعتُ الصور التي كنت أراها صورةً صورةً، فرأيتُ أنَّها كلَّها حادثة، وأنها لا بد لها من فاعل.
أخبرتُ حيًّا حين ناقشنا هذه الفكرة قبل شهور أنَّها متضمَّنة في قول رسول الله صلى الله عليه وسلم: «كُنْتُ سَمْعَهُ الَّذي يَسْمَعُ بِهِ، وبَصَرَهُ الَّذِي يُبْصِرُ بِهِ» وفي محكم التنزيل: ﴿فَلَمْ تَقْتُلُوهُمْ وَلَٰكِنَّ اللَّهَ قَتَلَهُمْ ۚ وَمَا رَمَيْتَ إِذْ رَمَيْتَ وَلَٰكِنَّ اللَّهَ رَمَىٰ﴾.
للأسف أنني لم أكن في نشأتي أعرف الإسلام، ولكن الكثير من أفكاري توافقت مع مبادئه، وهذا أمر يسعدني ويرضيني.
مَن علَّمك القرآن الكريم ومن علَّمك الكلام؟
سيأتي وقت هذا لاحقًا. تابعوا القصة فصلًا فصلًا.
أبسال محقٌّ. ماذا بعد أن علمت بأمر الفاعل؟
بعد أن أدركتُه بمجمله من دون تفصيل، تشوَّقتُ إلى معرفة التفاصيل، فرحتُ أبحث عن الفاعل على جهة المحسوسات والموجودات قبل أن أعرف إن كان واحدًا أو كثيرًا.

تصفَّحتُ جميع الأجسام التي حولي، فرأيتُها كلها تتكوَّن تارة وتفسد تارة أخرى. لم أفهم فسادها بشكل مجمل، فبحثت في فساد الأجزاء، مثل الماء والأرض... في رأيكم أنتم، كيف يفسد الماء؟
نعم، وكيف يفسد النبات؟
بالنار، كما رأينا.
بحرارة الشمس أو الحريق...
أو الجفاف والتيبُّس.

أحسنتُم. جميع الأجسام حولي كانت تعتمد على فاعل. فتركتُها كلَّها بعد أن شرَّحتُها، وانتقلتُ إلى التفكير في أجسام أخرى.
أي أجسام أخرى؟

تلك هي... لقد ظهر القمر، وظهرت النجوم.
نعم. إنها الأجسام السماوية.

الفصل الخامس

علمت أن السماء وما فيها من الكواكب أجسام؛ لأنَّ لها الطول والعرض والعمق.
هل استطعت أن تحصيها؟
ونحن صغار كنا نحاول أن نعدَّ النجوم!
جميعنا فعلنا هذا، حتى أنا وحيٌّ!
لم أحاول أن أحصيها، لأنها بدت لي كثيرة جدًّا جدًّا... انشغلتُ في تحديد ما إذا كانت تلك النجوم متناهية أو غير متناهية... فكَّرت هل هي ممتدة إلى غير نهاية، أي ذاهبة أبدًا في الطول والعرض والعمق إلى غير نهاية؟ أو هي متناهية محدودة، ولا يمكن أن يكون وراءها شيء من الامتداد؟ فتحيَّرتُ بعد ذلك بعض الحيرة.
هذا أمر محيِّر بالتأكيد.
ماذا فعلتَ إذًا؟
ألن يكمل لنا؟ ألن يجيب؟
بقوة نظره وذكاء خاطره، رأى حيُّ بن يقظان أنَّ جسمًا لا نهاية له أمرٌ باطل وشيء لا يمكن، ومعنًى لا يُعقل. فقد سبق أن أثبت أن للأجسام امتدادها المحدَّد؛ الطول والعرض والعمق.
وهل لديه حجج مقنعة؟

يبدو أنه نام!
لا. لم ينم، هو ينتظر أمرًا ما سيعجبكم.
ما هو؟
ذاك هو. أشرق القمر.
أشرق القمر؟!
نعم، فالقمر ككل النجوم، يشرق من الشرق ويغيب في الغرب. هذا ما لاحظته باكرًا، ألا تعرفونه؟
لم ننتبه للأمر، فنحن عادة نقول أشرقت الشمس وغابت الشمس، ونقول طلع القمر وغاب القمر.
لكننا تعلمنا أن الكواكب تتحرك من الشرق إلى الغرب.
وماذا بعد حركة القمر؟ ماذا لاحظت؟
لاحقًا عرفت أنَّ الجسم السماوي الذي أراه، مثل القمر، متناهٍ من الجهة التي أراها، فهذا لا أشكّ فيه؛ لأنني أدركه ببصري.
والجهة الأخرى؟
هل كنت تشكُّ في أنَّ الجهة الأخرى من القمر غير محدَّدة؟

داخلني الشكُّ في شأن الجهة الأخرى التي لا أراها، لكني علمت أنه من المحال أن تمتدَّ إلى غير نهاية.
وكيف علمتَ ذلك؟
سأخبركم. افرضوا أن الجهة الأخرى لا نهاية لها، وتخيَّلوا أنَّ خطَّين اثنين يبتدئان من هذه الجهة المتناهية، ويمرَّان في كثافة الجسم إلى غير نهاية، ولا ينقص أحدهما عن الآخر.
فإذا قُطِع جزء من أحد الخطَّين، سيبقى مساويًا للذي لم يُقطع منه شيء، فهل ترون هذا ممكنًا؟
لا. من غير المنطقي أن تقطع جزءًا من الخطِّ الأوَّل ويبقى متساويًا مع الخطِّ الثاني.
وإذا حدث أمر آخر، ولم يمتدَّ الخطُّ الناقص، بل انقطع وتوقَّف عن الامتداد؟
سؤال في مكانه؛ إذا توقَّف فهذا يعني أنَّه خطٌّ متناه.
فكَّرتُ في هذا بالتحديد. ولحلِّ المسألة فكَّرتُ أنَّه إذا أعيد للخطِّ القدر الذي قُطع منه أوَّلًا، وقد كان متناهيًا، صار كلُّه أيضًا متناهيًا، وحينئذ لا يقصر عن الخطِّ الآخر الذي لم يُقطع منه شيء، فيكون إذًا مثله، وهو متناهٍ، وذلك أيضًا متناهٍ. نستخلص من ذلك كله أنَّ الجسم الذي تفرض فيه هذه الخطوط متناهٍ، وكلُّ جسم يمكن أن تفرض فيه هذه الخطوط، فنخلص إلى أنَّ كلَّ جسم متناهٍ.
ومن ثمَّ تأكَّد لحيٍّ أنَّ القمر متناهٍ ومحدودُ الأبعاد.
سبحان الخالق! منظر القمر يزيدني شوقًا لأهلي...
هم أيضًا ينظرون إلى القمر الآن، فهل يذكروننا؟
بالتأكيد. أنا متأكِّد من أنَّهم في الطريق إلينا.

نظرتُ أوَّلًا إلى الشمس والقمر وسائر الكواكب، فرأيتها كلَّها تطلع من جهة المشرق وتغيب من جهة المغرب، فما كان منها يمرُّ مباشرة فوق رأسي رأيته يقطع دائرةً عظمى.

وما مال عن رأسي إلى الشمال أو إلى
الجنوب رأيته يقطع دائرة أصغر من تلك.

وما كان أبعد عن أعلى الرأس -على
أحد الجانبين- كانت دائرته أصغر من
دائرة ما هو أقرب.

حتى كانت أصغر الدوائر التي تتحرَّك عليها الكواكب
دائرتين اثنتين: إحداهما جنوبًا والثانية شمالًا.
الأولى حول القطب الجنوبي، وهي مدار سهيل،
والأخرى حول القطب الشمالي، وهي مدار الفرقدين.

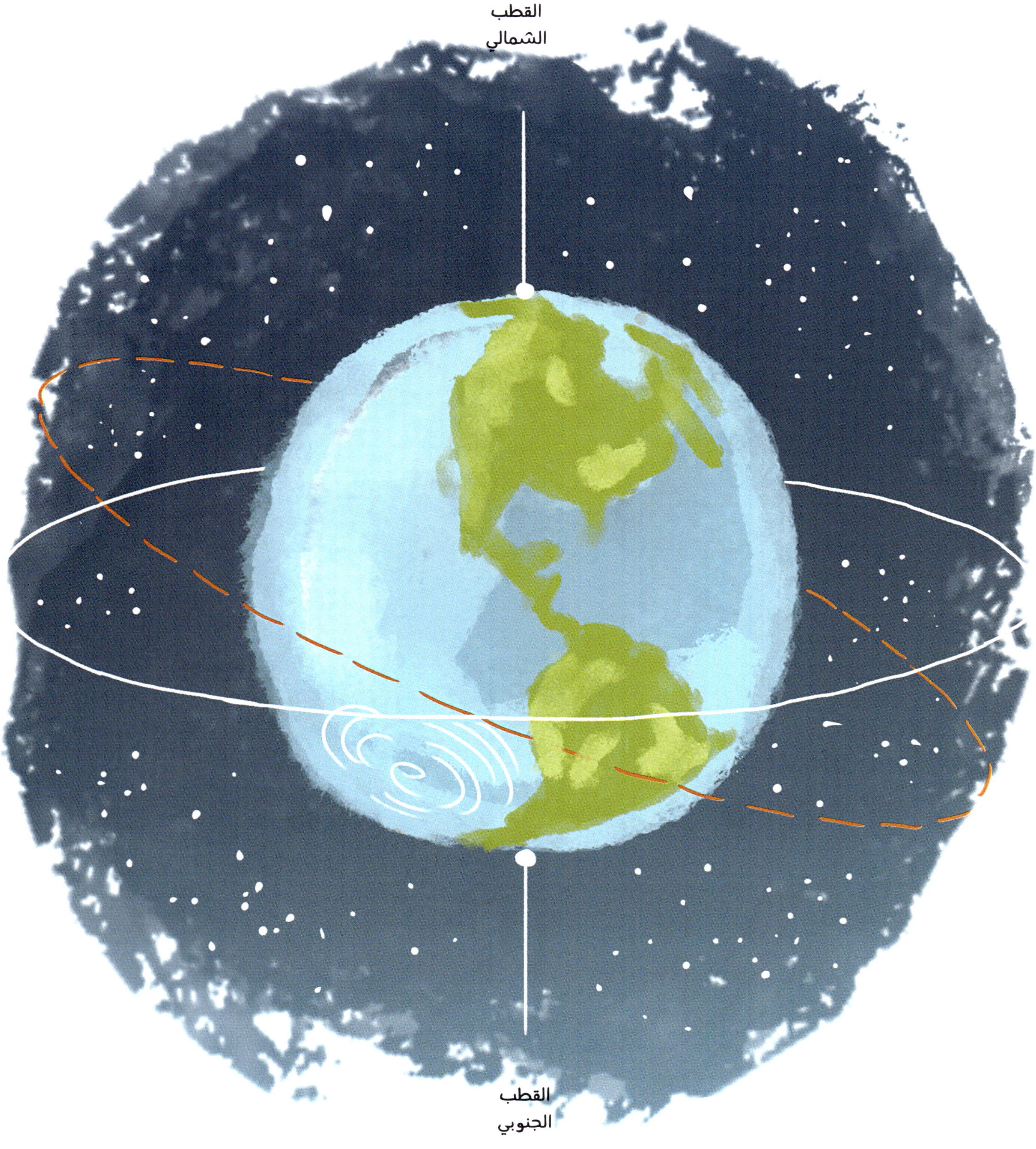

وذلك في جميع الكواكب وفي جميع الأوقات؛ فتبين لي بذلك أن الفلك على شكل الكرة، وقوَّى ذلك في اعتقادي ما رأيته من رجوع الشمس والقمر وسائر الكواكب إلى المشرق بعد مغيبها بالمغرب.

لما عرفتُ أن الفلك بجملته وما يحتوي عليه كشيء واحدٍ متَّصلٌ بعضه ببعض، وأن جميع الأجسام التي نظرت فيها أولًا: كالأرض والماء والهواء والنبات والحيوان وما شاكلها تقع كلها ضمن الفلك وغير خارجة عنه، توصَّلتُ إلى استنتاج مهمٍّ.
وهو أن الفلك كله أشبه بشخص من أشخاص الحيوان، وما فيه من الكواكب المنيرة هي بمنزلة حواس الحيوان، وما فيه من الأفلاك المتصل بعضها ببعض هي بمنزلة أعضاء الحيوان، وما في داخله هي بمنزلة ما في جوف الحيوان.

وبعد هذا الاستنتاج
تولَّد سؤال أهم: بما أن الفلك واحد، فهل هو شيء حدث بعد أن لم يكن، وخرج إلى الوجود بعد العدم؟ أو هو أمر كان موجودًا فيما سلف، ولم يسبقه العدم بوجه من الوجوه؟ تشكَّكتُ في ذلك ولم يترجَّح عندي أحد الحكمين على الآخر.
كان بإمكانك أن تأخذ أحد الاحتمالين وتدرسه، فإن لم تقتنع به تدرس الثاني.

صحيح. حين نتحيَّر بين احتمالين نأخذ أحدهما وندرسه.
هذا ما فعلته.
فرضت أوَّلًا أنَّ العالم قديم، موجود منذ وقت غير محدَّد.
ولكن عارضني أمران هنا:
الأوَّل ما أثبتُّه سابقًا من استحالة وجود اللامتناهي.
والثاني أني كنت أرى أنَّ هذا الوجود لا يخلو من الأجسام الحديثة، ولا يمكننا أن نُثبِت أنَّه متقدِّم عليها، لذا فهو حديث مثلها.
الاحتمال الأوّل = العالم قديم
الاحتمال الثاني = العالم حديث

إذا كان حادثًا فلا بدَّ له من مُحدِث. فلماذا إذًا أحدثه الآن وليس قبل ذلك؟ أَلِطارئٍ طرأ عليه، أم لتغيُّرٍ حدث في ذاته؟ وما الذي أحدث ذلك التغيُّر؟ فكَّرتُ في ذلك عدَّة سنين...

وما الخلاصة التي وصلت لها؟
أنه لا بد للعالم من فاعل، وهذا الفاعل لا جسم له، لا ندركه عبر الحواس.
صحيح، لأنَّ الحواس الخمس لا تُدرِك إلا الأجسام...
أو ما يلحق بها، وإذا كان فاعلًا للعالم فهو لا محالة قادر عليه وعالم به. كقوله تعالى: ﴿أَلَا يَعْلَمُ مَنْ خَلَقَ وَهُوَ اللَّطِيفُ الْخَبِيرُ﴾
إذًا، في الحالتين، سواء كان العالم قديمًا أو حديثًا، فإنَّ له فاعلًا لا جسم له.
صحيح. ومن ثم لكلِّ الموجودات فاعل، هو علَّة لها، لولا دوامه لم تدم، ولولا وجوده لم توجد.
إذا أخذتُ في قبضتي جسمًا من الأجسام ثمَّ حرَّكت يدي، فإنَّ ذلك الجسم لا محالة يتحرَّك تابعًا لحركة يدي حركةً متأخِّرة عن الحركة الأولى. وكذلك العالم كلُّه معلول ومخلوق لهذا الفاعل بغير زمان، كقوله تعالى: ﴿إِنَّمَا أَمْرُهُ إِذَا أَرَادَ شَيْئًا أَن يَقُولَ لَهُ كُن فَيَكُونُ﴾.
أنت تقترب من إدراك وجود الله سبحانه وتعالى.
نعم، كنت أقترب من هذا كل يوم، من دون أن يبشِّرني رسول أو نبي بالله الواحد الأحد. درستُ قدرة فاعل الموجودات، وأخذني العجب من غريب صنعته، ولطيف حكمته، ودقيق علمه. أدركتُه في أقلِّ الأشياء الموجودة فضلًا عن أكثرها، من آثار الحكمة وبدائع الصنعة، ما أثار عجبي، وتحقَّق عندي أنَّ ذلك لا يصدر إلَّا عن فاعل مختار في غاية الكمال بل فوق الكمال.
﴿لَا يَعْزُبُ عَنْهُ مِثْقَالُ ذَرَّةٍ فِي السَّمَاوَاتِ وَلَا فِي الْأَرْضِ وَلَا أَصْغَرُ مِن ذَالِكَ وَلَا أَكْبَرُ﴾ صدق الله العظيم.

ثم تأمَّلت في جميع أصناف الحيوان؛ كيف أعطى كلَّ شيء أعضاءه وهيئته وخلقه ثمَّ هداه لاستعمالها، فلولا أنَّ الله هدى خلقه لاستعمال تلك الأعضاء لما انتفع بها ولكانت عبثًا عليه... فعلمتُ بذلك أنَّه أكرم الكرماء وأرحم الرحماء.
وذلك في قوله تعالى: ﴿أَعْطَى كُلَّ شَيْءٍ خَلْقَهُ ثُمَّ هَدَى﴾ صدق الله العظيم.
أشرقت الشمس!
ما أروع هذا المشهد! سبحان الله!
انظروا إلى ما حولكم. لكلِّ الموجودات حُسن، أو بهاء، أو كمال، أو قوَّة، أو فضيلة ما من فيض ذلك الفاعل المختار -جلَّ جلاله- ومن جوده، ومن فعله...
علمتُ أنَّ فاعل هذه المخلوقات أعظمُ منها وأكمل وأتمُّ وأحسن وأبهى وأجمل وأدوم.
فانتهت بي المعرفة إلى هذا الحد، وقد أتممتُ خمسة وثلاثين عامًا. وقد رسخَ في قلبي من أمر الفاعل ما شغلني عن كل شيء سواه، وصرتُ لا يقع بصري على شيء من الأشياء إلا وأرى فيه أثر الصنعة من حينه، فأنتقل بفكري على الفور إلى الصانع وأترك المصنوع، حتى اشتدَّ شوقي إليه وانزعج قلبي بالكلية عن العالم الأدنى المحسوس، وتعلَّق بالعالم الأرفع المعقول.

الفصل السادس

يمكننا الانتظار قليلًا. هل تتحرَّك ساعتك يا محمد؟
لا. ما زالت متوقفة. لا شكَّ في أنَّ عمِّي لا يزال جالسًا في الشرفة بالفندق يتناول فطوره.
الفطور! ألن نفطر؟ ماذا يمكن أن نفطر في هذا المكان؟!
يبدو أنَّ أبسال لديه الإجابة.
رائع!
ماذا قررتم؟ هل آخذكم إلى الشلال؟
ليس قبل أن ننتهي...
آه طبعًا. أنهوا فطوركم، بالهناء والشفاء.
لا. بل نقصد أن ننتهي من الاستماع إلى قصتك وأفكارك، وكيف قابلت أبسال.
على أن تحكي لنا أثناء العمل.
سنساعدكما.
ولكن علينا بناء كوخ... فقد يهطل المطر في الغد.
حسنًا. لنجمع الأغصان من تلك التلة.

ماذا حدث بعد أن أدركتَ وجود الله تعالى، وقد كنت تسميه اسمًا طويلًا...
كان يسمِّيه «الموجود الواجب الوجود».
بعد أن أدركتُ وجود فاعل رفيع ثابت الوجود، لا سبب لوجوده، وهو سبب لوجود جميع الأشياء، لا يحمل صفات الأجسام ولا يُدرك بالحواس.
وأدركتُ أنه لا نهاية لكماله، ولا غاية لحسنه وجماله وبهائه، بل هو فوق الكمال والحسن والبهاء والجمال، وليس في الوجود كمال ولا حسن ولا بهاء ولا جمال إلا صادر من جهته وفائض من قبَلِه.
فمن يدركه يكن في غبطة وسرور لا نهاية لهما، ومن لا يدركه يكن في آلام لا نهاية لها.
حاولتُ لفترة أن أنقطع عن العالم الخارجي، ولا أشغل سمعي أو بصري به...
وكيف يمكن ذلك؟ ألم تشعر بالجوع أو العطش أو البرد أو الحرّ؟

للأسف، حدث ذلك. كنتُ أشعر بالجوع، فأخرج لأبحث عن طعام، كما أنني مرضتُ بسبب قلَّة الطعام وطول السهر.
تفحَّصتُ أنواع الحيوانات كلِّها، لعلِّي أتعلَّم منها شيئًا يساعدني وتكون سبب نجاتي، ولكني رأيتها تسعى إلى تحصيل الغذاء والتكاثر والحصول على الظل والدفء، وتجدُّ في ذلك ليلَها ونهارَها إلى حين مماتها.
وكذلك نظرتُ إلى أحوال النبات، التي لم تكن حاجاتها تتعدَّى الغذاء وتوليد المِثل.
ثم نظرتُ إلى الكواكب والأفلاك، فرأيتُها كلَّها منتظمة الحركات، جارية على نسق، شفافة ومضيئة.
وكذلك رأيتُ أني -بجزئي الأشرف المنزَّه عن صفات الأجسام- عرفتُ «الموجود الواجب الوجود». أمَّا بجزئي الآخر فأشبهُ سائرَ الحيوان، الذي هو من عالم الكون والفساد، وهو البدن المظلم والكثيف الذي يطالبه بأنواع المحسوسات من الطعام والشراب وغريزة التكاثر.
فهل كرهتَ بدَنَك؟

ألزمت نفسي ألا أرى ذا حاجة أو عاهة من الحيوان أو النبات، وأنا أقدِر على إزالتها عنه، إلا وأزلتها.

فإذا رأيتُ نباتًا قد حجبه عن الشمس حاجب أو تعلَّق به نبات آخر يؤذيه أو جفاف يكاد يفسده، كنت أزيل عنه ذلك الحاجب إن كان مما يزال.

وأفصل بينه وبين ذلك المؤذي، وأتعهَّده بالسقي ما أمكنني ذلك.

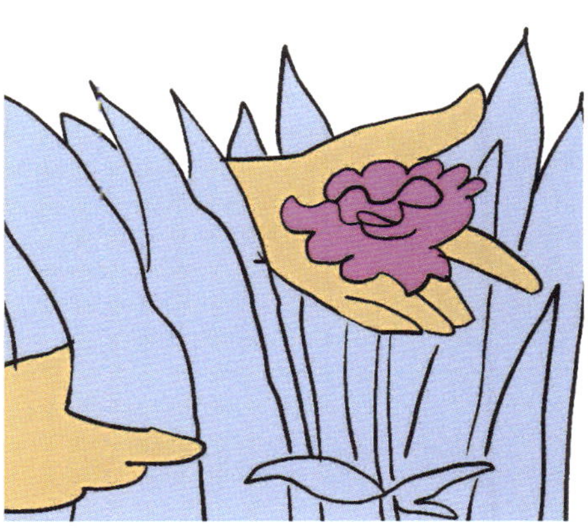

ومتى وقع بصري على حيوان قد أرهقه سبُعٌ، أو نشب به ناشب، أو تعلّق به شوك، أو سقط في عينيه أو أذنيه شيء يؤذيه، أو مسه ظمأ أو جوع؛ تكفَّلتُ بإزالة ذلك كله عنه جهدي وأطعمتُه وسقيتُه.

ومتى وقع بصري على ماء يسيل إلى سقي نبات أو حيوان، وقد عاقه عن ممرّه ذلك عائق من حجر سقط فيه أو جرف انهار عليه، كنتُ أزيل ذلك كله عنه. وما زلتُ أمعن في هذا النوع من ضروب التشبُه بالأجسام السماوية حتَّى بلغت فيه الغاية.

كما ألزمتُ نفسي دوام الطهارة، وإزالة الدنس والرجس عن جسمي، والاغتسال بالماء في أكثر الأوقات، وتنظيف ما كان من أظافري وأسناني، وتطييبها بما أمكن من طِيب النبات وصنوف الدهون العطرة، وتنظيف لباسي...

بعد فترة، عادتْ إليَّ حواسي وتنبَّهتُ من حالي
تلكَ، وزلَّت قدمي عن ذلكَ المقام، ولاح لي العالم
المحسوس وغاب عني العالم الإلهي؛ فهما مثل
نقيضين، إن أرضيتُ أحدهما أسخطتُ الآخر.

هنا يأتي دوري. تعرَّفتُ على حيٍّ في هذه المرحلة من حياته.
صحيحٌ. فلنكمل بعد إنهاء الكوخ.

الفصل السابع

عشتُ في جزيرة قريبة من جزيرة حيّ بن يقظان، وكان أهل الجزيرة يتبعون الأنبياء المتقدِّمين صلوات الله عليهم جميعًا. وكان لي صديق مقرَّب اسمه سلامان، وكنا ملتزمين بكل شرائع ملَّتنا؛ نؤمن بالله، وملائكته، ورسله، وبالثواب والعقاب، واليوم الآخر. ولكني كنت أشدُّ غوصًا في الباطن وأكثر تأملًا. أما سلامان صاحبي فكان أكثر احتفاظًا بالظاهر، وأشدَّ بُعدًا عن التأمُّل. وكلانا يقوم بأعمال الخير ويلتزم تقوى الله.

أبسال! أراك تعدُّ عدَّة الرحيل؟! ألن تغيِّر رأيك وتبقى معنا؟
لا. لقد عزمتُ على الرحيل إلى تلك الجزيرة التي يقال إن هواءها معتدل وأرضها خصبة.

ولكن ما الضير في مخالطة الناس وملازمة الجماعة؟
سبق أن تحدَّثنا في هذا طويلًا، أرى أن تلك الجزيرة هي المسكنُ الآمن لي.

جمعتُ كلَّ ما لي من مال واشتريت ببعضه هذه المركب، فما رأيك فيها؟
مباركةٌ عليك. ولكن أنت لا تعرف شيئًا عن الملاحة، كيف ستصل إلى تلك الجزيرة المجهولة؟

لا تقلقْ يا أبسال، نحن نعرف موقع تلكَ الجزيرة. صحيح أننا لم نقصدها يومًا، ولكننا رأينا موقعها على الخرائط.
اشتريتُ مركبًا، ستأخذانني به وتوصلانني إلى سواحل الجزيرة، ثم تعودان.
أبشر. ننطلق الفجر القادم بإذن الله.
تلكَ هي!
هل أنتما متأكدان؟
كل التأكيد.
اعتن بنفسكَ يا أبسال!
وفَّقكَ الله إلى مرادك!
رافقتكما السلامة. شكرًا لكما.

بقيتُ مدَّةً أعبد الله -عزَّ وجلَّ- وأعظِّمه
وأقدِّسه وأفكِّر في أسمائه الحسنى
وصفاته العليا، فلا ينقطع خاطري
ولا تتكدَّر فكرتي.
وإذا احتجتُ إلى غذاء، أتناولُ من ثمرات
الجزيرة وصيدها ما أسدُّ به جوعي.
وأقمتُ على تلكَ الحال مدَّةً، وأنا في أتمِّ
غبطة وأعظم أُنس بمناجاة ربي.
في تلكَ الفترة كان حيُّ بن يقظان يلازم
مغارته، ويتعبَّد على طريقته التي أخبركم
عنها، وكان يخرج كل أسبوع مرة ليجمع
القليل من الطعام والماء. لم نلتقِ
لأنني قصدت الجزيرة للعزلة، ولمْ أكن
أتجوَّل كثيرًا. صحيح أني كنت أسمع
أنَّ كائنًا بشريًّا يعيش وحده على تلكَ
الجزيرة، ولكنِّي كنت أظنُّ أن تلكَ القصة
أسطورة خيالية إلى أن رأيته بأمِّ عيني!

كان حيٌّ مصدومًا برؤيتي، فهو لم يعرف أيَّ كائن أنا، فلم أبدُ له على صورة شيء من الحيوانات التي عاينها قبل ذلك. وقد ظنَّ أنَّ ملابسي وقفطاني هي جلدي وفروي، فراح يتأمَّلني بفضول، لكني قرَّرتُ أن أركض هاربًا منه.

هربتُ منه، لكنَّه لحِقَ بي لِما كان في طباعه من البحث عن الحقائق.

فشرعتُ في الصلاة والقراءة والدعاء والبكاء والتضرُّع حتى شغلني ذلك عن كل شيء.

راحَ حيٌّ بن يقظان يتقرَّب مني قليلًا قليلًا من دون أن أشعر به؛ سمع قراءتي وتسبيحي، فأعجبه ذلك مني، فهو لم يسمع مثلهما من قبل.

ولما رأى حُسن خشوعي وتضرُّعي وبكائي عرف أني من الذوات العارفة بالحق، فأراد أن يرى ما عندي، وما الذي أوجب بكائي وتضرعي، فزاد في الدنوِّ مني.

وحين أحسستُ به، أسرعتُ في الركض من جديد، وتبعني هو أيضًا.

ونظرًا لقوَّة حيٍّ، فقد قبض عليَّ ولم أستطع التخلص منه.

عرفتُ أنه يريد أن يتعرَّف إليَّ ويفهم من أنا.

كنتُ قد تعلَّمتُ أكثر اللغات، فرحتُ أُكلِّم حيَّ بن يقظان
وأُسائله عن شأنه بكل لغة أعرفها، ولكن دون جدوى. بقي
ينظر إليَّ متعجِّبًا مما يسمع ولا يدري ما هو، فلم يكن قد
سمع لغة البشر من قبل.
تفضَّل، كُل معي، إنَّه لذيذ...
بسم الله الرحمن الرحيم.
بعد تردُّد، تجرَّأ حيٌّ وتناول طعامي، فأحبَّه
وأحبَّ أن يعرف المزيد عني، فلازمني في كل
وقت ومكان، وبدأت تعليمه الكلام والكتابة.
تعلَّم حيٌّ الكلام
والكتابة بسرعة.
وحين أتقن الكلام، حكى لي قصته، كما حكاها لكم، وأعلمني
أنه لا يعرف له أمًّا أو أبًا غير الظبية التي أرضعته وربَّته، وحكى
لي عن تأمُّلاته في الكائنات والوجود والخالق...

راح حيُّ بن يقظان يسألني عن أمري وقومي، فوصفتُ له جزيرتي
وما فيها وجميع ما ورد في الشريعة من وصف العالم الإلهي والجنة
والنار والبعث والنشور والحشر والحساب والميزان والصراط،
ثم حدَّثتُه عن الفرائض والعبادات، فوصفتُ له الصلاة والزكاة
والصيام والحج وما أشبهها من الأعمال الظاهرة، فتلقاها والتزمها.

طلب حيٌّ منّي أن يزور جزيرتي وأن يتحدَّث إلى
أهلها ويتناقش معهم في الكثير من أفكاره.

مرَّت شهور طويلة ونحن مقيمان هنا... ألم تيأس يا ابن يقظان؟
لا. فقلبي يحدِّثني أني سأغادر هذه الجزيرة برفقتك، ولكني لا أعرف متى وكيف.

أيها البحارة! أبشروا! ثمَّة جزيرة هناك!
الحمد لله! نجونا!
وأخيرًا اهتدينا إلى اليابسة!
لقد تهنا لبضعة أيام، وقذفت الرياح والأمواج سفينتنا نحو جزيرتكما.
ونحن انتظرنا سفينة ترسو عند سواحلنا منذ فترة طويلة، وليس منذ بضعة أيام.
هل تريدان الإبحار إلى مكان ما؟
نعم، نرجو أن تصحبونا إلى جزيرتي، معي خريطة تصف موقعها.
تلك هي جزيرتي!
الحمد لله الذي هدانا إليها.
أبسال! أهلًا بعودتك!
حمدًا لله على سلامتك يا ولدي!
من ذاك الذي يلبس جلود الحيوان؟

أخبرتُ صحبي عنك، وهم متشوِّقون للتعلم منك والإنصات إلى تعاليمك.
يشرِّفنا أن تكون معلِّمنا وأن تنقل لنا شريعتك يا حيَّ بن يقظان.
سنجتمع يوميًّا هنا لنستمع إلى دروسك القيِّمة.
بعد بضعة أسابيع
ما الأمر يا حسان؟ لماذا تركت المجلس؟
أنا آسف يا أبسال، لقد احتملتُ صاحبك حيَّ بن يقظان فقط إكرامًا لك، ولكن تعاليمه لا تروق لي، وكلامه لا يقنعني، وكثيرون في الداخل مثلي.
هل تعتقد أنه يمكن لحيِّ بن يقظان أن يُقنعني بفضل العزلة ويدفعني إليها، وأنا مقتنع تمامًا بتحريمها.
اصبر عليهم قليلًا يا حيُّ، إنَّهم محبُّون للخير، راغبون في الحقِّ.
هم كذلك، ولكن لا جدوى مما أقوم به، فمكاني ليس هنا.

فما العمل الآن؟
هل تريد أن تغادر؟
لا بدَّ من الرحيل، ولكني سأبقى قليلًا لأخالط عامة الناس، وأراقب أحوالهم.
بعد شهور
آن الوقت. لقد اكتفيت من مخالطة العامَّة ومراقبتهم. أريد أن أعود إلى جزيرتي.
سأرافقك.
أتيتُ أودِّعكم، وأعتذر عمَّا تكلَّمت به معكم! أوصيكم بالتزام حدود الشرع، وقلَّة الخوض فيما لا يعنيكم، وترك البدع والأهواء، والاقتداء بالسلف الصالح.
إلى أين أنت راحل يا حيُّ؟
سيعود إلى جزيرته، وقد سمح لي أن أرحل معه.
فودعناهم، وانفصلنا عنهم، وعدنا إلى جزيرة حيِّ بن يقظان هذه، بعون الله -عزَّ وجلَّ-. ونأمل أن نعيش هنا ونتقرَّب إلى الله ونعبده حتى يأتينا اليقين.

نحن آسفون، لقد شغلناكم.
وحين وصلنا وجدناكم عالقين هنا...
شكرًا لأنكما صبرتما علينا كل هذا الوقت.
لا داعي للشكر، من المفيد أن ننقل لكم أفكار حيٍّ وقصته، لعلَّكم تنقلونها لأهليكم.
ما زالت ساعتي متوقِّفة. لا شكَّ في أن أحدًا لم ينتبه لغيابنا.
ساعِدانا في الوصول إلى الشلال لعلَّنا نجد طريقنا، ونعود من حيث أتينا.
ها هو الشلال الذي وصفتموه لي.
صحيح! ها هو!
سنعود الآن، نترككم في أمان الله!
مع السلامة.
مع السلامة.

ما العمل الآن؟
لنعبر الشلال معًا.
واحد، اثنان، ثلاثة.

هاه؟ ماذا حدث؟
هل عدنا؟
لا أعرف!

نعم... ها نحن. انظرا!
مجسَّم كتاب حيٍّ بن
يقظان!
أحقًّا ما تقوله؟

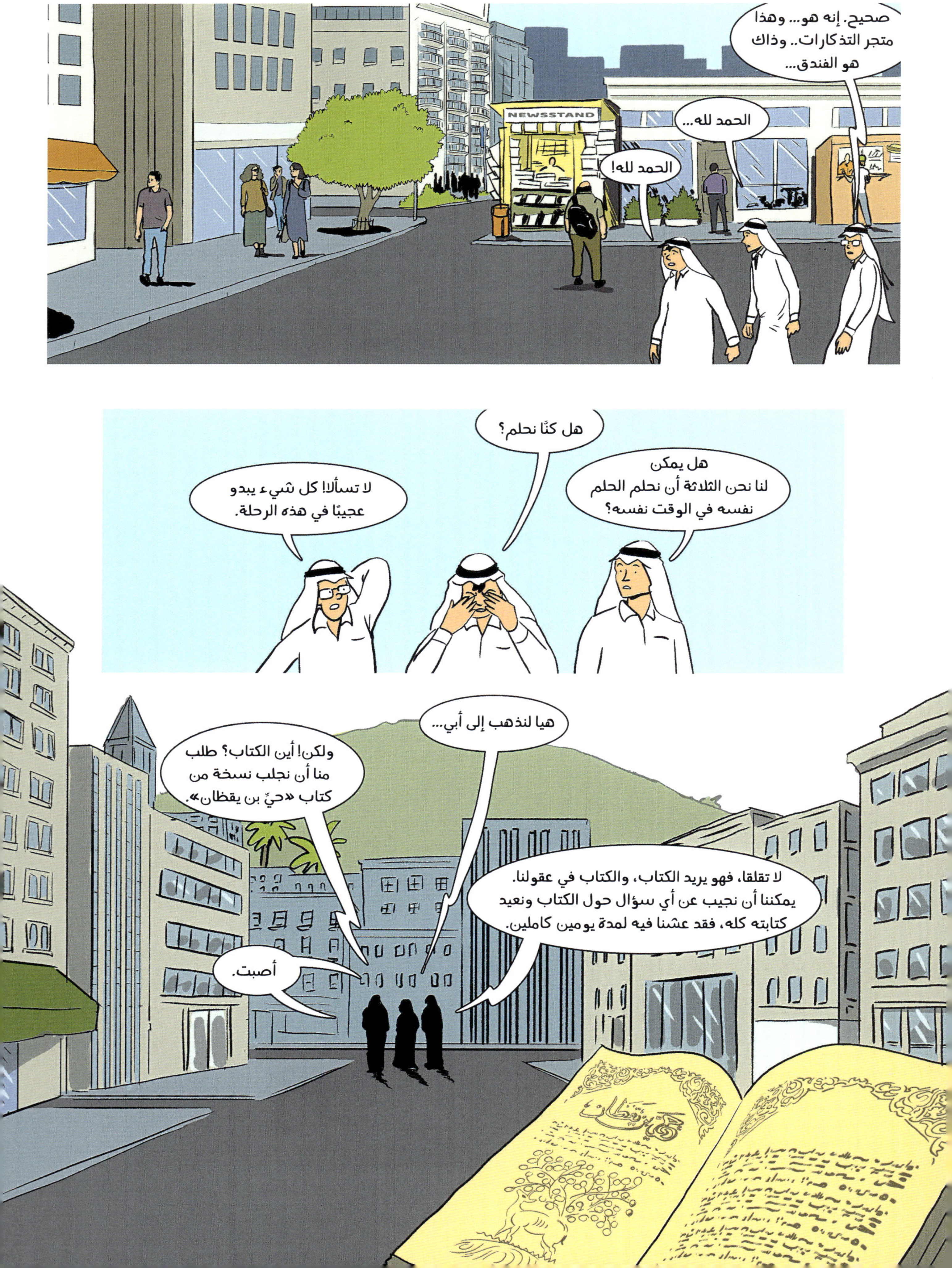
صحيح. إنه هو... وهذا متجر التذكارات.. وذاك هو الفندق...
NEWSSTAND
الحمد لله...
الحمد لله!
هل يمكن لنا نحن الثلاثة أن نحلم الحلم نفسه في الوقت نفسه؟
هل كنّا نحلم؟
لا تسألا! كل شيء يبدو عجيبًا في هذه الرحلة.
هيا لنذهب إلى أبي...
ولكن! أين الكتاب؟ طلب منا أن نجلب نسخة من كتاب «حيّ بن يقظان».
لا تقلقا، فهو يريد الكتاب، والكتاب في عقولنا. يمكننا أن نجيب عن أي سؤال حول الكتاب ونعيد كتابته كله، فقد عشنا فيه لمدة يومين كاملين.
أصبت.

خليفة   محمد   فهد

حَيّ بن يَقظان حَيّ بن يَقظان
حَيّ بن يَقظان حَيّ بن يَقظان حَيّ بن يَقظان
حَيّ بن يَقظان حَيّ بن يَقظان
حَيّ بن يَقظان حَيّ بن يَقظان حَيّ بن يَقظان
حَيّ بن يَقظان حَيّ بن يَقظان
حَيّ بن يَقظان حَيّ بن يَقظان حَيّ بن يَقظان
حَيّ بن يَقظان حَيّ بن يَقظان
حَيّ بن يَقظان حَيّ بن يَقظان حَيّ بن يَقظان
حَيّ بن يَقظان حَيّ بن يَقظان
حَيّ بن يَقظان حَيّ بن يَقظان حَيّ بن يَقظان
حَيّ بن يَقظان حَيّ بن يَقظان
حَيّ بن يَقظان حَيّ بن يَقظان حَيّ بن يَقظان
حَيّ بن يَقظان حَيّ بن يَقظان
حَيّ بن يَقظان حَيّ بن يَقظان حَيّ بن يَقظان